First Picture Dictionary
Animals
Первый иллюстрированный словарь
Животные

Pig
Свинья

Rabbit
Кролик

Butterfly
Бабочка

Fox
Лиса

Illustrated by Anna Ivanir

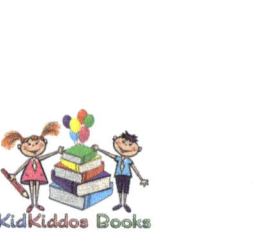

www.kidkiddos.com
Copyright ©2024 by KidKiddos Books Ltd.
support@kidkiddos.com

All rights reserved. No part of this book may be reproduced in any form or by any electronic or mechanical means, including information storage and retrieval systems, without written permission from the publisher, except in the case of a reviewer, who may quote brief passages embodied in critical articles or in a review.
First edition, 2025

Library and Archives Canada Cataloguing in Publication
First Picture Dictionary - Animals (English Russian Bilingual edition)
ISBN: 978-1-83416-237-9 paperback
ISBN: 978-1-83416-238-6 hardcover
ISBN: 978-1-83416-236-2 eBook

Wild Animals
Дикие животные

Lion
Лев

Tiger
Тигр

Giraffe
Жираф

◆ *A giraffe is the tallest animal on land.*
◆ *Жираф — самое высокое животное на земле.*

Elephant
Слон

Monkey
Обезьяна

Wild Animals
Дикие животные

Hippopotamus
Бегемот

Panda
Панда

Fox
Лиса

Rhino
Носорог

Deer
Олень

Moose
Лось

Wolf
Волк

✦ A moose is a great swimmer and can dive underwater to eat plants!

✦ *Лось отлично плавает и может нырять под воду, чтобы есть растения!*

Squirrel
Белка

Koala
Коала

✦ A squirrel hides nuts for winter, but sometimes forgets where it put them!

✦ *Белка прячет орехи на зиму, но иногда забывает, где их спрятала!*

Gorilla
Горилла

Pets
Домашние животные

Canary
Канарейка

✦ A frog can breathe through its skin as well as its lungs!
✦ *Лягушка может дышать как кожей, так и лёгкими!*

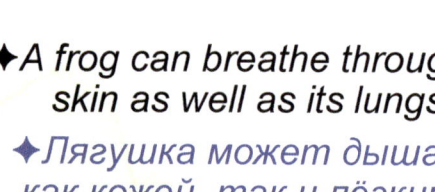

Guinea Pig
Морская свинка

Frog
Лягушка

Hamster
Хомяк

Goldfish
Золотая рыбка

Dog
Собака

◆ Some parrots can copy words and even laugh like a human!

◆ *Некоторые попугаи могут повторять слова и даже смеяться, как человек!*

Cat
Кошка

Parrot
Попугай

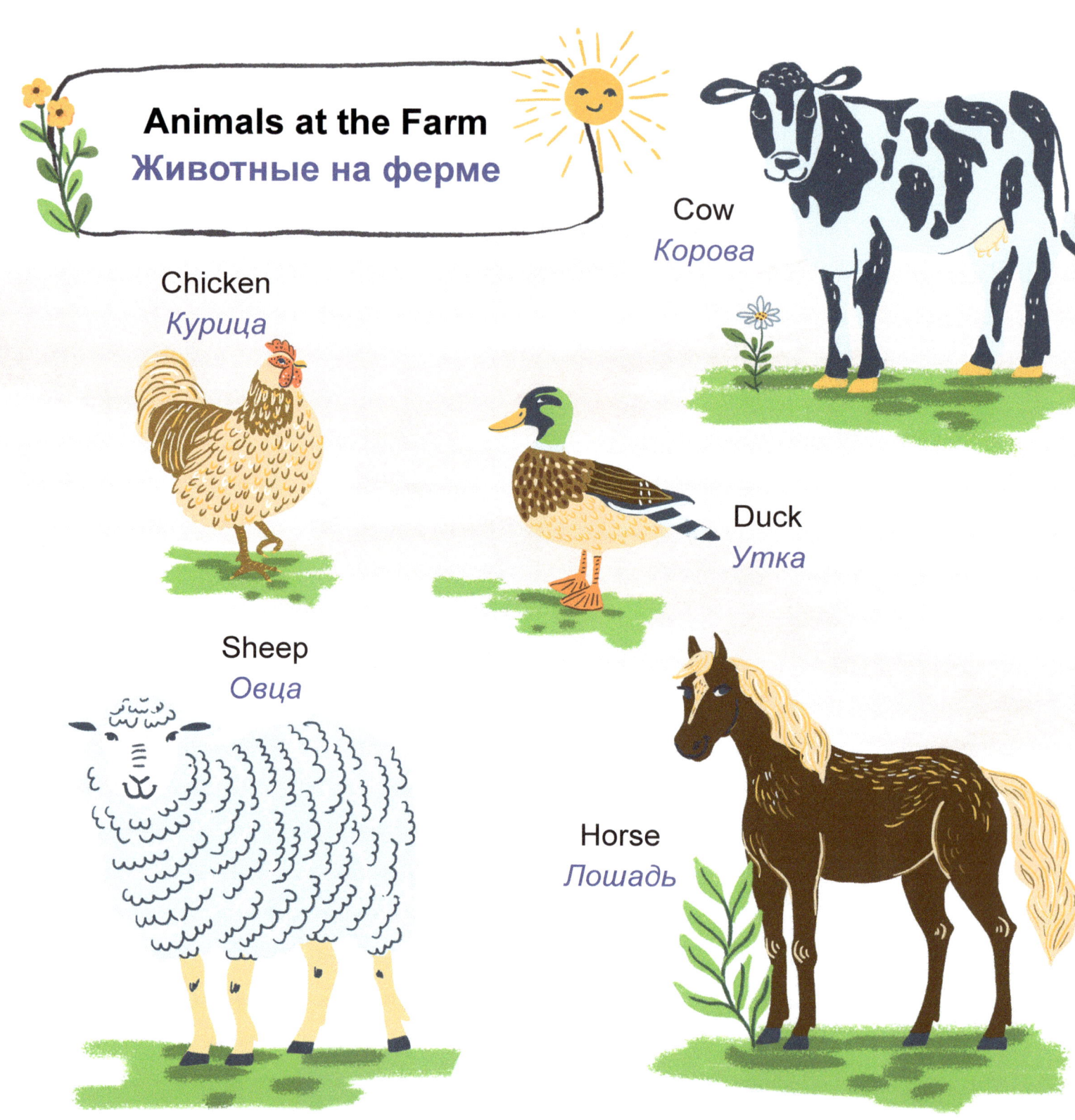

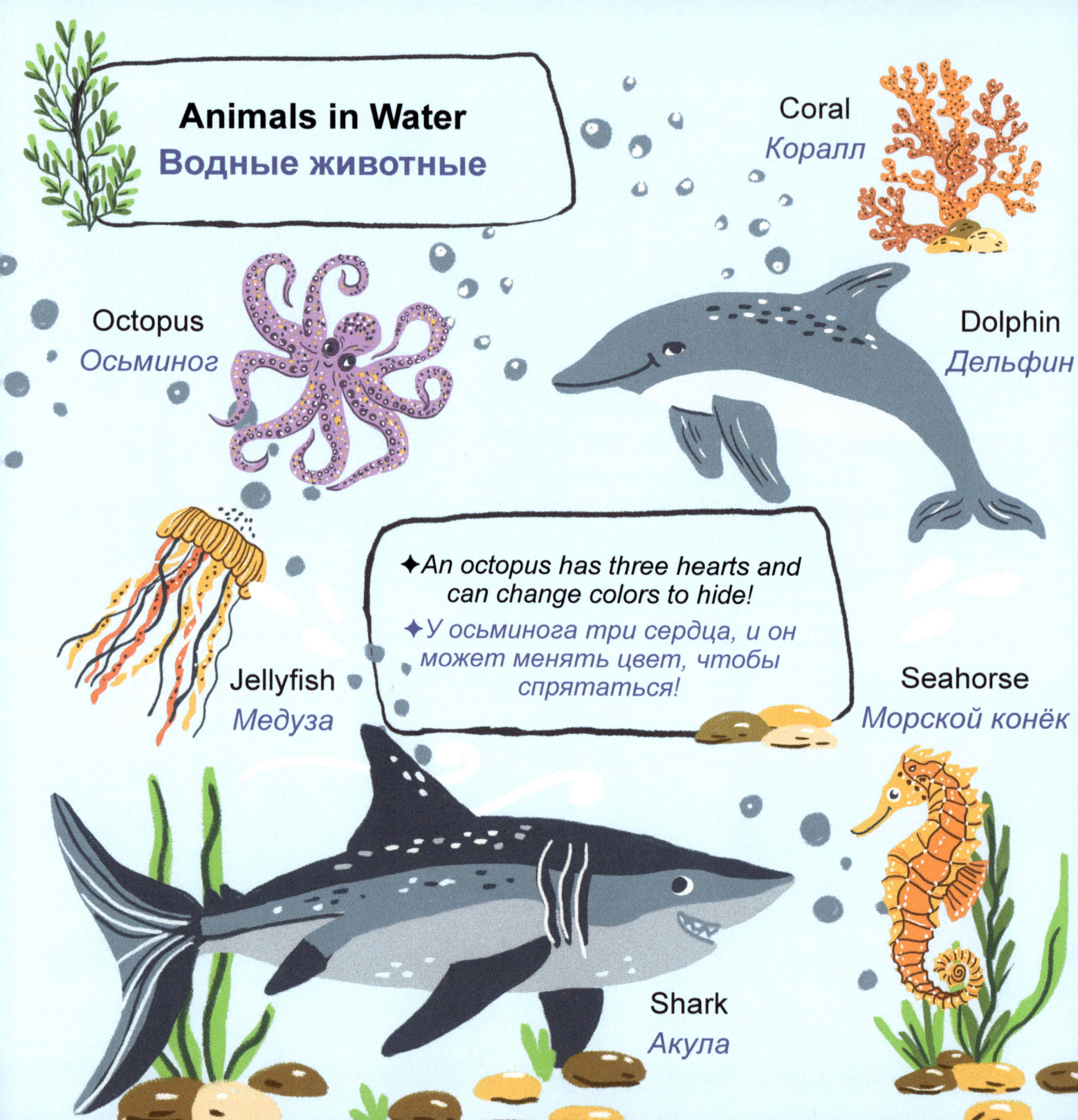

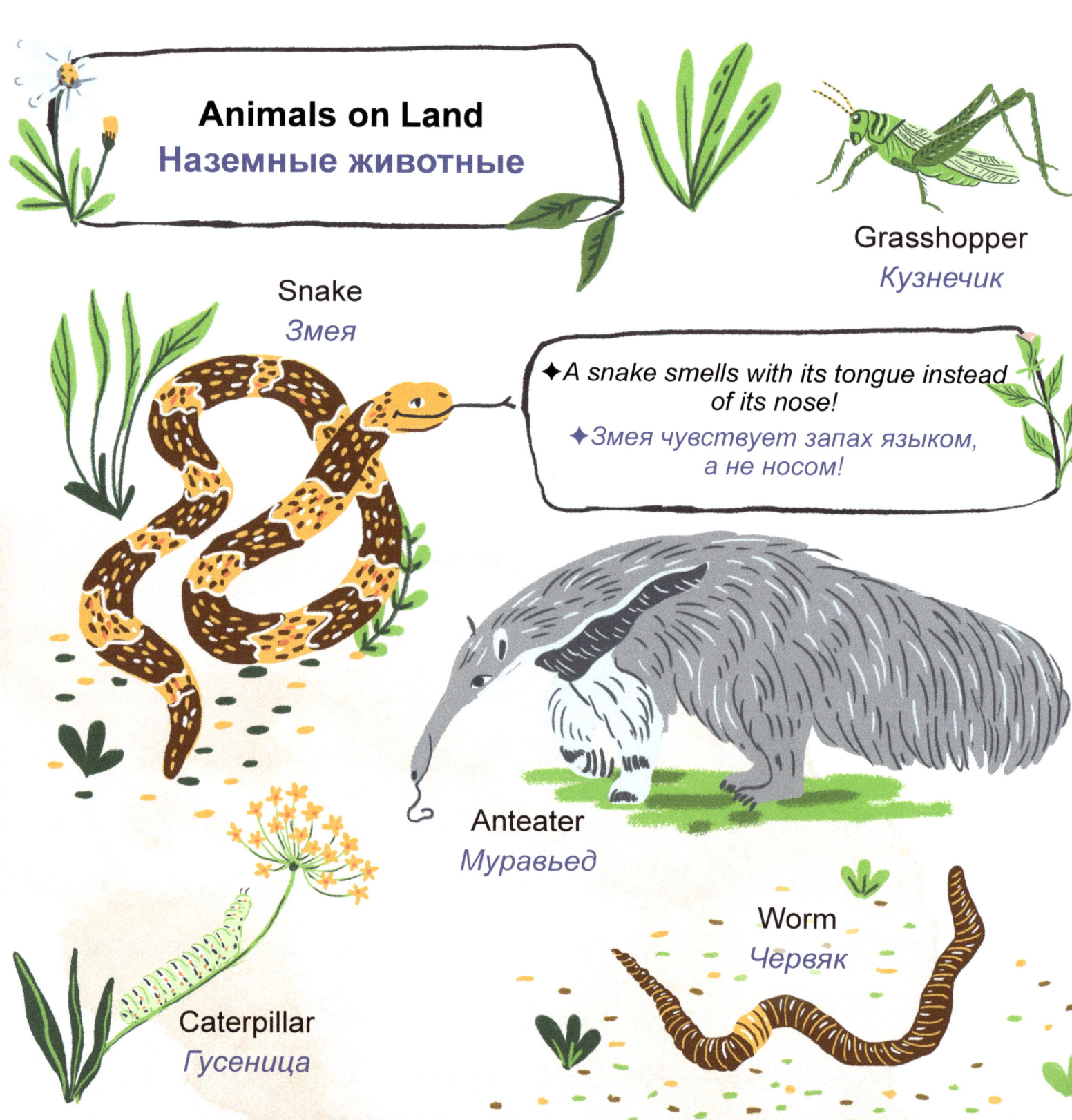

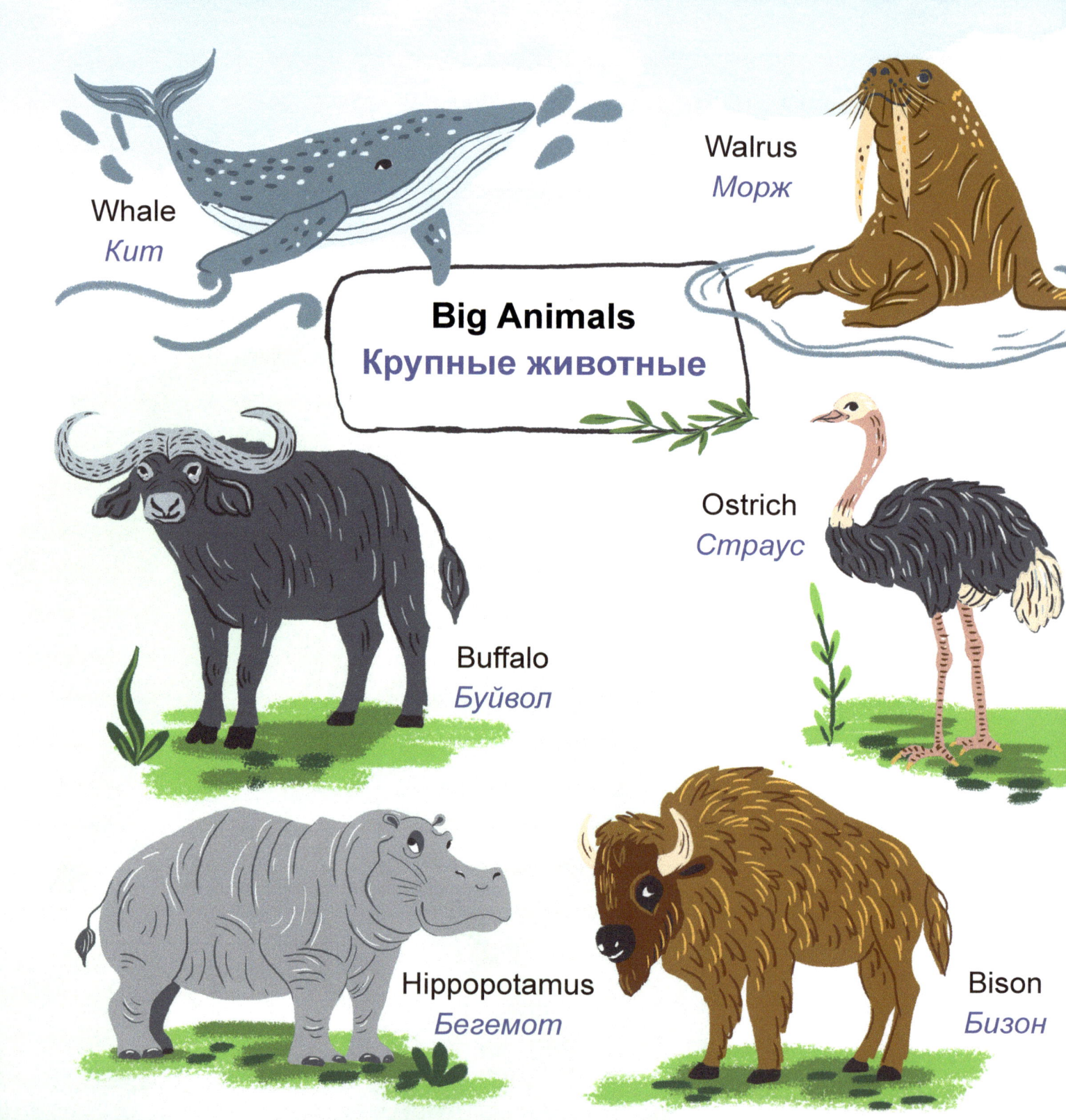

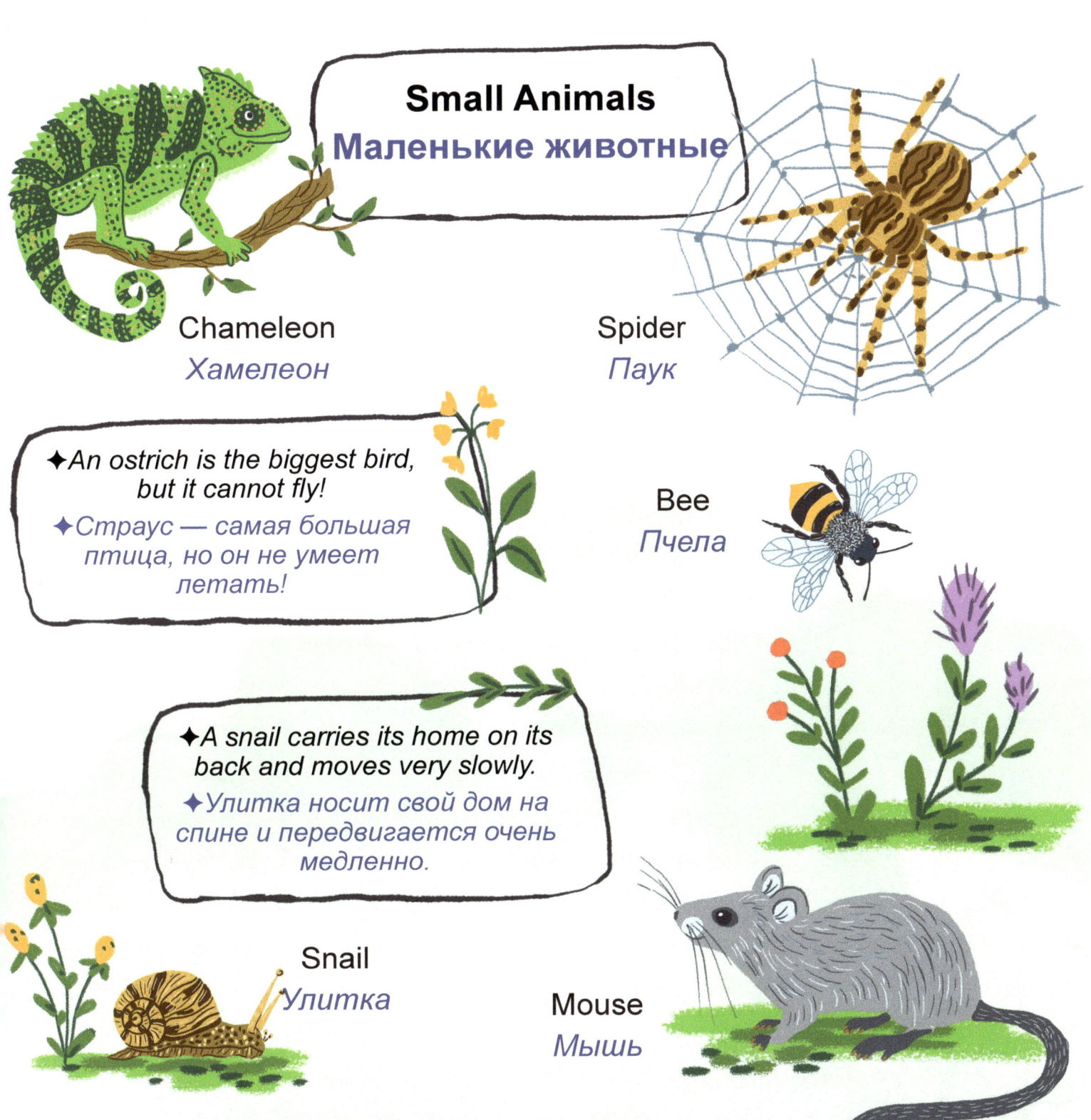

Quiet Animals
Тихие животные

Turtle
Черепаха

Ladybug
Божья коровка

✦ A turtle can live both on land and in water.

✦ Черепаха может жить как на суше, так и в воде.

Fish
Рыба

Lizard
Ящерица

Owl
Сова

Bat
Летучая мышь

◆An owl hunts at night and uses its hearing to find food!
◆Сова охотится ночью и использует слух, чтобы находить пищу!

◆A firefly glows at night to find other fireflies.
◆Светлячок светится ночью, чтобы найти других светлячков.

Raccoon
Енот

Tarantula
Тарантул

Colorful Animals
Яркие животные

A flamingo is pink
Фламинго розовый

An owl is brown
Сова коричневая

A swan is white
Лебедь белый

An octopus is purple
Осьминог фиолетовый

A frog is green
Лягушка зелёная

✦ A frog is green, so it can hide among the leaves.
✦ Лягушка зелёная, чтобы прятаться среди листьев.

Animals and Their Babies
Животные и их детёныши

Cow and Calf
Корова и телёнок

Cat and Kitten
Кошка и котёнок

Chicken and Chick
Курица и цыплёнок

✦ A chick talks to its mother even before it hatches.

✦ Цыплёнок разговаривает с мамой ещё до того, как вылупится.

Dog and Puppy
Собака и щенок

Butterfly and Caterpillar
Бабочка и гусеница

Sheep and Lamb
Овца и ягнёнок

Horse and Foal
Лошадь и жеребёнок

Pig and Piglet
Свинья и поросёнок

Goat and Kid
Коза и козлёнок

www.ingramcontent.com/pod-product-compliance
Lightning Source LLC
LaVergne TN
LVHW072003060526
838200LV00010B/267